Poesia Original

NÃO ERA UMA CIDADE

não era uma cidade

RODRIGO LUIZ P. VIANNA

Poemas

1ª edição, São Paulo, 2025

LARANJA ● ORIGINAL

para Maria Helena, que transpôs cidades
para os afetados pelas enchentes

Transport, motorways and tramlines
Starting and then stopping
Taking off and landing
Thom Yorke

nota do autor

Em 2019, após a publicação do projeto *textos para lembrar de ir à praia*, as inquietações referentes ao cotidiano da metrópole continuavam a permear as minhas pesquisas e produções poéticas. Entre releituras do que estava sendo feito, surge o inevitável tangenciamento do livro que acabara de ser publicado com os poemas que já estavam se encaminhando. Brota, assim, a ideia de um projeto que iniciaria na transição entre a praia e uma retomada por seu terreno e a busca da crueza da cidade.

Os primeiros poemas de *não era uma cidade* datam de 2019 e 2020, muitos deles trabalhados no Curso Livre de Preparação de Escritores – CLIPE. Em 2023, o projeto do livro foi acolhido pela Editora Laranja Original. Em 2024, o que era ficção tangencia a realidade. Porto Alegre, minha cidade natal, entre tantas outras no Rio Grande do Sul, sofre com a soma da negligência das autoridades com a tragédia de eventos naturais – em um período de cerca de 10 dias chega a chover o equivalente a um terço da média histórica de precipitação para todo um ano –, fortalecidos pela má condução ambiental exercida pela sociedade e seus comandantes.

As enchentes e alagamentos afetam milhares de pessoas. As cenas são inesquecíveis. Amigos próximos e cenários de memórias carinhosas sofrem os efeitos das chuvas. A água ocupa a cidade.

Passado pouco tempo após o início da reconstrução e retomada, um novo contato com este projeto toma um novo sentido. Alheio ao seu momento de escrita, o texto se desprende e se atualiza no leitor.

não era uma cidade

nunca esteve tão tarde
e o sol ainda está no centro dessa elipse

na história de toda humanidade
nunca alguém chegou aqui

a não ser nós

este agora é tão tarde quanto
jamais será

nenhum outro dia avançou
até esta hora
nenhuma outra noite

apenas nós

não era uma cidade
não era água
sua anatomia não tinha ritmo
uma cor sem sílabas
nos dentes arrepiados
sons sem ossos

〉

a ponte entre tantas partes
se dilui
no aumento de todas águas

há continentes dentro do mar

〉

aves voltaram
       para as árvores

outras   evadiram-se
      havia
      fios
elétricos   foram retirados

as folhas as protegem
     (aves)   dos meus olhos

há uma ausência na vista
     um móbile esvaziado

≀

é preciso criar	ante a água
um lugar	para ser sede

um corpo   um copo
escopo de matéria

areia   argila

transformar-se em ilha
à procura de arquipélago

água horizontal

atear fogo no verbo só
é possível sobre superfícies sólidas

≀

um barco sobre ombros
remado por pernas em terra
para a terra um barco carregado
por homens
carregado de ausência

≀

enquanto caem os resquícios
das sílabas daqueles que seriam
os últimos deuses a árvore
em sua escritura de vermelho
arranca os rios de suas margens

}

os paralelepípedos aparecem apenas nas fotografias
e na cicatriz que tenho daquele gol perdido

}

as palavras acompanham as paredes

        os pés
                um viaduto
por sobre o qual passam carros e ônibus

— o nome deslocado e sem (asas de voltar)

caminho excluído da palavra
o uso do tempo para habitar pessoas

aprendi a ouvir mesmo as gotas desde cedo
o concreto em furo, a insônia dos faróis

uma escada que não dorme
uma aeronave que não está no espaço

sob o material em semiarco
num hálito talhado em lilás
o homem deitado diz ao
homem de pé: a liberdade
não é aqui é mais
pra cima

uma gota que cai e não vai voltar a ser
silêncio
também caminha em busca de seu rio

}

nesta cidade
nas bandejas das feiras
são expostos os resultados
de todos os rodrigos não regados

feita de saltos
não dados num lago silente
— o medo é a própria sola
distanciando-se

saúdo o sol solto
seu mergulho vermelho no poluído
o cartão mais bonito que selo
perante a palavra menino

coser a presença entre nuvens

> *telhados de Paris em casas velhas, mudas*
>
> Nei Lisboa

quando uma torre não tem pedra
concreto
é a pele que nos separa do indivisível

uma flecha que parte do centro da terra
a ponta cosida em ferro irrompe do chão

estrutura extirpada
de contornos

o que nos prescinde da altura é a cor do tempo
dos cabos profundamente em teia

parafusos do tamanho de um braço transpassam nuvens

renunciando os sons da cidade a cor do cobre

os pés não conseguem ler
o invisível sob eles
minha sombra escorre como um acorde
final de harpa

a tensão é a cortina

densa feita em tranças de bronze
entrecortadas pelo fugidio azul
e me ocupa a distância dos meus olhos ao solo

o estrondo de ver quilômetros de argila
— a resposta para cada telha ao vento —
dissolve o olhar pela inversão da partitura

      lentamente o aço sussurra
                      verbos em laranja

      os pés quebram o silêncio em que me finco
           em resposta

                      minha mão
                      acaricia o céu

          meus lábios parecem participar
     do ballet que o engano fez do arvoredo

               a vertigem é a mágoa
                  de não ter asas

〽

a sede da asa

nada nas mãos além de altura

sequer nuvem entre úmeros e escápulas

há secura no ar
        ato do qual não se escapa

unhas arranham o que é pressa
— mas não cortam
        o tempo não é espesso na queda

a presença prematura da terra
        entre as palmas

〜

no passo que cedo
        nas calçadas deste centro

faço passar pelos pés
o caminho

〜

luvas alisam o contato
o mundo em uma mesa cirúrgica
os olhos entre vidros
interferindo meu olhar

histórias agora apenas as escritas
o aviso mensagem recebida
o sopro do corpo só encontra a máscara

a língua em pequenos cortes
dispensadores de álcool

a língua ocorre em silêncio
caligrafia de espelhos

há um vírus em toda ausência
presente na cidade

lave as mãos sob as luvas

a cidade e o tempo têm o mesmo toque

}

desenhos de deus no guardanapo
histórias que aguardam dicionários
acordes a serem descobertos
toda experiência da distância
é processo

}

o leopardo sem dentes passa a língua na taça de vinho

o alto-relevo de um sonho
ainda nas unhas, as nuvens
nos cílios, flores de outono
lírios
por todo o caminho turvo
onírico — tom acrílico

um trem noturno inteiro no braço esquerdo
onde conversas acontecem entre refeições

no relógio um túnel que não acaba

elefantes correm sobre o trilho
um alfabeto sobre o corpo

o peso da noite no esôfago da ave

}

quero acordar futuro
a saudade tão vazia quanto a cidade

o choro que mora no homem
cobria de nuvem os lábios

o trote lento no teto branco

}

uma palavra se
perde no vão entre o trem
e a plataforma
uma palavra menor
que um molho de chaves menos
densa que molho de tomate
mais física que aquele olhar
que ganha velocidade

}

a memória tem uma estrutura estroboscópica

um frio íntimo sob a epiderme
sem justificativa, um calor nas pálpebras

₹

em um dia como hoje
que é hoje
aconteceram coisas que não estarão neste poema
e que já não estão visto
       que na medida em que
você lê estas linhas eu não as escrevi
há fatos e o que eu contaria
deles mas o que
importa é que já passaram
e que deram
motivo para este poema

₹

num edifício a caminho de um inespecífico estar
cercado de sol a ancorar à pele
o estio do movimento pelo movimento
cartas nas escadas dominós

seus chapéus continuam comigo
dias caminham ao domingo

a rua é pelo sol
a brasa que dá sabor às costelas

a tarde esparrama sandálias pela avenida
colocando à disposição algo
de humanidade aos pés
que não contam passos
nomes se apagam
se encontram distendidos

uma toalha aberta na sarjeta
uma menina que aprende a cair do skate
um sorvete escorre na camiseta verde

a recomposição do descanso compartilhado

a palavra gol emergindo de pontos distantes

≀

inventamos um pouco de vida normal
vamos na feira e compramos frutas
brincamos com Alice sob as árvores
comemos um bolo de cenoura como quem comemora
um passarinho passeia próximo aos meus pés
enquanto sigo vocês duas
no olhar quando voltas
me diz que isso é um bom sinal

≀

andar de patinete pelo pátio
correr de bicicleta contra o vento
charadas na escada da escola
empinar pipa em plena praça

bolhinhas de sabão são tão bonitas

〳

sobreponho o mapa da ida
com o mapa da volta

crio uma cidade com as lembranças

cruzo o construído com o estranhamento

por onde anda a pedra me
pergunto

montanhas se deslocam na linguagem
como um cabelo que se assopra do rosto

tudo isso é desculpa para pensar
nos teus lábios

morar dentro do frio
esculpir o calor

〳

vejo
e lembro de um velho corte de cabelo
  dela
no trem vejo
e lembro dela chegando
  com seu novo
  corte de cabelo
no táxi vejo
e lembro do cabelo chegando
  o novo contorno
  dela
na rua vejo
e lembro o corte de cabelo dela
  ao vento mais leve
  seu rosto
na esquina vejo
e lembro o vento levando o novo
  corte de cabelo
  dela
na calçada vejo
e lembro do novo corte dela
  que envelheceu
  na janela vejo
e lembro o cabelo novo
  dela
  da época
  em que era novo
na porta vejo
e lembro como era
  o corte
  de cabelo
  novo dela

na espera vejo
e lembro   dela
             e o novo corte
             do cabelo que envelheceu
vejo
e lembro   dela
             e lembro do novo
             e vejo

≀

cabelo sol
             t   (ando)(-se)
                      o
                                algo de teia
(me capta)

≀

na ficção há um sol

a rotação obediente o oferece

a nós

≀

um outro fio desistindo do casaco que ajudou a erguer
há anos feito paredes

cederá ao vento que tantas vezes ajudou a combater

≀

a cidade não comporta mais
varais apontados para as vias
as roupas agora só usufruem do sol nos corpos
secam numa nesga
de vento num canto
possível da casa
não há mais bandeiras brancas
balançando
(um recado no elevador deixa
isso bem claro)
não há mais calcinha da vizinha
camisola para fingir que não viu
nem um lençolzinho sequer
para driblar no pátio

≀

caminhar na alma hibernada
da rua cores ainda
não descobertas encarar
o silêncio grafitado

≀

escrever é esquecer
segundo pensa
pessoa na ponta
dos dedos ninguém fala

em versos envolvo
a caneta com a minha pele
escrever é esquecer
disse não
esquecer quem
sabe assim não esquecer
dois tomates sapólio um chocolate
quem sabe tal
qual a lista no bolso

café soneto

o barista já sabe meu pedido
não venho muito aqui, penso. no entanto,
ele acerta e aceito meio rindo
enquanto espalho as folhas pelos cantos

da mesa. pilhas pálidas de linhas
ainda a serem lidas e riscadas
e eu entre tantos talhos que realinho
destilo um novo olhar ao café coado

que cai na porcelana. num engano,
a água carregando seu oceano
feito de noite à boca da lua

e o cotidiano toma tons distantes
um instante se entorna em tão toante
quanto íntimo, tal mar que recua

de porcelana

a cadeira cansava minhas costas
encosto pés braços de madeira
a mesa uma fórmica fina

em preto e branco

a garçonete passava inventando
o equilíbrio dos copos
enquanto o estio nascia em mim
outros trocavam palavras
eu só seguia as pequenas pitadas de canela
sobre a espuma
pela metade

riscava o pequeno guardanapo com a colher
como quem desenha o rosto
para as tuas sardas

no plano acústico acontece o corte
ausculto o espaço com a ponta
da caneta compacto
cometa comento
ausculto o espaço
ausculto a gaiola

ausculto a arquitetura
ausculto o acontecimento
todo som tem saudade
procuro a praia na lua

≀

o sol a pino
congelou
o menino nos meus olhos
nas mãos tecidos
à venda
nos carros as luzes
vermelhas
dos freios

≀

brincam

porque o galho da árvore
é torto
e parece um revólver
assim brincam de morte
porque podem brincar

não tem rosto o bandido
atrás da camiseta
imagina a estrela
no peito o dedo aponta
o som mata

a morte é debatida
de raspão
porque têm a brincadeira
nas mãos em gritos

a morte de plástico
embalada sob a árvore
ganha a luz do sol

há até um coldre
que segura a morte
sacada nas tardes pós-escola

brincam de morte
porque podem tarefas
feitas o arcade
agora é ligado
em rede a morte
em inglês três-dê

afinal podem
brincar

〉

as patas de cachorro marcadas
na calçada me fazem sorrir
alheio aos avisos
às faixas pretas
e amarelas de desvio
toma o caminho nunca atravessado
e isso faz toda a diferença

o que houver pra se ver

o que é de mim ocupa o campo
de visão na anuência do avanço
o estudo de espantos que se somam

os prédios servem de trilho

a tranquilidade na qual se modificam
inicia num picho aqui
e ali ao longo do metal maleável

onde antes a nona arte
agora a atualização do quinto
medieval o dízimo o ínfimo
fica a fábula
em fachadas entre fios e pombas
e a antípoda da sombra que sobe

em uma década camadas de mãos
de tinta antes dos espelhos
a nova arquitetura se integra ao céu
a quem passa e entrega os olhos pra cima

o sol a pino pinça o suor
o salto fino e a sapatilha no mesmo caminho
nunca usaria aquele estilo
de quem será aquele filho
junta este lixo seu merda

o vendedor evoca o hino dois por um
o andarilho dormindo sob o anúncio
o ambulante no seu ponto fixo
vende ao terno de linho um fone
de ouvido o semáforo e tudo
se esquiva

o reinício do que não se identifica
as linhas da avenida não limitam
um viaduto de detalhe de um imóvel
marquises desenham degraus
sobrados soprando passado no neon da liquidação

este fóssil que se encontra na superfície

vitrines de produtos invisíveis
não sei o que é
miopia
o que é impulso do barulho do motor

o que não leio no lambe
a sonoridade que não dorme só ronca
arranques recalques arrombos

retomam

num risco uma esquina

a rua tem um vício de destino
se envolve em velocidade

se desliga do movimento em favor
do termo

isto já estava ontem me
pergunto compondo de memória
o tom do verde
vira um tema
qual era o verde que aqui enveredava

o que virá

é um inventário um invento

encontro o que reconheço como meu
rosto sobre a cidade

se ver nas veredas

o vidro é esta superfície que por vezes reflete
por vezes infiltra

chego no meu ponto
do ônibus outros olhos
percebem meu andar apressado

desvios

〿

deitar-se na roseira laqueada
fazer pele em pétalas de um

vermelho encarnado
para dirimir os espinhos que guardam
a vitrine e fechar os olhos
tendo escolhido as pontas contra
as gotas da torrente chuva

〉

moro perto da cidade
tão perto que é dentro
moro entre a cidade e a cidade
entre as cidades as cidades
manufaturas de modernidades rugem diariamente
entre a agulha do trator a descoser
o paço
        endereço opaco
e as lacunas abertas   casas feitas em vãos
das roupas, uma lembrança ao fechar o peito
        no último botão
a permanência
da rudeza grossa dos tecidos única morada
ao longe
o vapor da máquina escorre o café
em uma carta que não chega

〉

o jornal me resguarda do sorriso
o resultado da rotatória
agora
sobre o corpo

na banca chaveiros e doces
livros de nietzsche quase nenhuma notícia de ontem

dorme quero crer
na vitrine a invenção do sapato
algo que nos faz perder o contato
com o chão

⁂

eventualmente todos
os sapatos pegam chuva

⁂

no asfalto extrai-se praça
trespassa o que não pressupõe a decisão dos relógios
ocupa-se apenas o próprio
contorno

⁂

na praça feito asfalto
a pressa se escassa
um espaço que é início
não pressupõe chegadas
em meio a movimento
a professora e a aprendiz
com as mesmas ferramentas
domam a pedra

circulam seus deslizes
calmos como quem começa
a se sustentar sobre os ciclos em linha

〉

repavimento a rua com os pés
ando
como tenho andado
sob minhas unhas entre tantos
ando rastejando o desenho
até chegar
o rígido ante a palma
o ar ante a palma
e a redondilha irrompe a panturrilha
ando tal sempre andei
tanto
que rasga o pontilhado em um mapa
que leio antes dos bolsos

〉

parece que nunca mais iremos

chegar não por não

conhecer a via mas

por não sermos mais

aqueles

҂

via portinari   sobre o caminhão
o homem coloca
sacos de cimento sobre o ombro

lembro dos carregadores de café
que usam o mesmo chinelo

      ninguém lhes seca o rosto pelo caminho

҂

enquanto ando pelo celeiro de golfinhos
peço escuta os primeiros dias da primavera
por uma fresta ofereço nada menos que o fim
correr de casa ao amor de uma orquestra

trocamos o barulho das tuas chaves
por um sino na garganta em um bestiário
nunca compartilhamos uma árvore
mas vimos a primeira neve em um aquário

      no canino de uma onda em uma pedra
      a construção de uma espera que a devora
      a álgebra do que a água cobra e entrega
      na falésia que os lobos-marinhos decoram

das ilhas no interior de uma baleia
uma vida inteira encara o que ficou pra trás

e do que o fogo da caverna clareia
vejo rupestre o que a espinha traz

na porteira das costelas um pingo de rumo
como um cochicho do que já foi um grito
na crina do cavalo-marinho me aprumo
e disparo contra a estrela-do-mar e seu espírito

⸘

a mão de um trator
hidraulicamente trai o asfalto
arranca-o da terra feito farelo
facilmente
utiliza o ar de suas entranhas
maquinalmente disputa
meu ouvido com a ave

⸘

o pé conta

a costa longe ironiza
o murmúrio presença de mar na voz
do afiador de facas

opera a calçada
tal fosse maquinário
empilhadeira de si mesmo
improviso da grua

trespassa os cabos com o pouso
no corte condensa
passos no solo pressas
presas ao concreto
o corpo cru que crê com a mão
estendida com a criança
que brinca com a boneca distraída
pombos com pedaços
de pão

o pé aponta
e aponta
continua contando

a voz não ouve mais

apenas arrancos em ópera

}

dos operadores
das máquinas
vemos as pedras os canos
o ferro que concordava
com o concreto
arredio de sentir o vento

uma caçamba cheia
outra em espera
tiram as vagas da zona azul

os detalhes da marquise
junto com as memórias
recheiam um tempo de palavras

em todos escombros porém
os espelhos resistem intactos

teriam medo as escavadeiras

〉

bomba atômica
semeada do céu
esta chuva nasce do chão
gotas de um vento estranho

〉

meço tuas palavras com um contador geiger
teu sonho de pripyat em pasárgada
parque de diversões dentro das ferrugens
venda de ingresso e atração turística

lá onde és amigo do rei
poderás
praticar ginástica no garrote
passear de bicicleta pelos cemitérios
pastorear o gado brabo e infértil
pelos campos de centeio e césio
mandar subir no pau-de-arara
ir à praia de botas terno químico

banhar-se atrás do vidro
dentro do oxigênio possível

e se esqueceres é de lembrar
as palavras na bandeira
tem alcaloides à vontade
tem prostitutas bonitas
quando a noite te der
vontade de matar
— lá és amigo do rei —
terás a mulher que quiseres

e poderás dizer para os filhos
viver é para os escolhidos

{

quatro movimentos para a terra

ao Fabiano Calixto

1.
o que rege o coágulo
o reitera em rosa
calado observo meus restos
e essa forma rubra
com bolhas para servir de pétalas
contempla um jardim em minha pele
os pelos ao vento
tal feito campo de centeio
em que meu nêmesis
em um só movimento

abriu a fenda que brota

2.
não
o terror não é artesanal
não é a foice num campo
a lâmina em lua ceifando o centeio
o que rompe é um projétil
vindo de distância
de um mau humor que nomeia revólver
um tumor que nasce da mão alheia
o terror é corpo túmulo do amor

3.
qual é o peso de um cadáver
não quero reduzir os meus olhos
em números feito algoritmo
deduzir meu gosto para os vermes
se serei carregado por meus companheiros
irmãos me deixem no seio da terra
que meu pulmão vire húmus
as tripas úmidas aos urubus
meus cílios voem com os dentes-
-de-leão
não coloquem sobre a terra
mármores cinzas que demarquem a mim
deixem-na respirar o pólen do amanhã

4.
deste corpo deslaço os olhos
deixo a carne

que um dia segurou
esta sangueira que agora
invade a terra descansar
as pupilas se ligam ao ocaso
miro o céu
esse campo de arroz
a burguesia não comete assassinato de estrelas

※

os pais de família

1.
o mar não é à morte
a areia é para corpos
em cura de cor ao sal
estes buracos procuram
evocar os que se
foram me impossibilitando
a caminhada própria às pernas
a cruz que carrego no peito cravada
na praia uma homenagem
àquilo que não nomeio (a esperança
de não vê-lo) não se abrem covas
daqueles cuja doença não é
para a morte
a não ser por ordem
de quem manda desatar do
linho hastear até
tapar o sol com uma bandeira e as valas
de mentira devolver às marés

aqui nesta ida
e vinda há de se ver a vida
reunida em volta da água de
coco e biquínis a saída
ínfima para o que se esvazia

2.
a farpa entra no meu dedo
enquanto cravo esta cruz na areia
os portugueses fizeram o mesmo e conclamaram
para si um lastro de terra
a que não chamaram país
desde esta primeira cruz
se cruza em tudo a mesma língua
se cruzam os braços em bom
português o que limpa as mãos
desta praia não quero
areia mas a sua ausência conclamo
delimitar com esta cruz algo que não está aqui
a areia
espacializar o que não se encontra nesta terra
a areia não está aqui foi retirada
estabelecer o volume pelas arestas (
calcular o peso
:   vezes gravidade)
e esta cruz que sirva de seta
quero daqui o buraco
conclamo
aqui não há areia
nem mesmo o filho

{

ninguém se lembra
da benção de sísifo
que não se lembra
a cada nova manhã
um mesmo sísifo
em um novo início
a pedra é uma nova tarefa

{

olho o resultado da chuva retesado
na calçada
procuro a lua
encontro centavos

{

leio uma notícia sobre o acréscimo em trinta e um por cento no número de pessoas em situação de rua na cidade de são paulo. lembro de quando posso sair e vejo o número de barracas aumentando. as barracas da campus party que são doadas. a matéria comenta que são famílias inteiras morando nas ruas. os cães sempre aos pés das portas. zíperes semiabertos. na campus party a velocidade da internet é sempre a principal notícia nos releases que recebo. são muitos gigas a serviço de jogos, de programadores de sistemas. dormem nas barracas para poder virar a noite inventando soluções. dormem nas barracas para poder virar a noite. inventaram uma reforma no viaduto aqui perto

༃

olá, tudo bem? tudo! e vocês? como tão?
tudo ótimo. há quanto tempo! lá do terraço...
isso. desde o churrasco ali naquele espaço...
ísso. do cado. faz mesmo, cara. mó tempo

que tu tem feito? como anda a gomes? tá bem?
tudo na boa, na mesma. anda trampando muito
normal. quem nunca? a turma inteira tá no ruído
sim. tá foda. impossível. e pra ti também?

total. cara, falando em cado, topei c'ana
caralho. há quantas anda ela? mó hora não vejo
tranquila. ela tá abrindo um esquema de dança

velho, vô indo. legal te ver. bóra ligar
certo. tu tem meu número? aquele beijo
tenho. manda mensagem. não vai se arregar...

༃

pergunto nos ônibus que me levam
se acaso seguem o caminho que preciso
lembro de um amigo uma conversa
quantas vezes a gente pode se apaixonar por dia
olho a passageira e balbucio baudelaire
não o poema
mas o nome a imagem que fica
a mão que segura a saia para
passar a catraca

me pergunto como se dá a conquista
hoje em dia ainda é possível o olhar
qual o espaço visual que configura assédio
não quero dar nas ventas
e me viro
à rua pensando num acontecimento
seu endereço a dois sobre uma esquina
me seguro à mão real
subindo a saia e sigo até a saída
a salvo desço
te suspeitando pra depois

baudelaire não sofreu a angústia
de te ter por três pontos

≀

do corpo o que
fica é a prata amassada
da lataria do carro
o vidro trincado tal óculos

≀

três atos de dois brincos de pérolas

cena 1 interior quarto

os olhos exaltam os
dois
brincos de pérolas em uma caixa aberta

que aguardam a hora

a almofada sobre a qual repousam
preta, pouco recebe as luzes

        advindas do mar, as lembranças
        de areia no teu ouvido
        no caminho do que pode ser um encontro

cena 2 interior espelho

os brincos entre os pretos dos cabelos
que escorriam sobre o preto do vestido

das certezas em que trabalha
chegara a mais uma

cena 3 exterior praia

na beira da praia
apenas um brinco na orelha
o outro lançara
ao mar

retorna a pérola à casa
porém, quando pode, a visita

                ʓ

não há trilhos para este trem estacionado aqui em frente

}

à espera, cansados de comentarem sobre a terrível chuva que caía há dias na cidade, resolveram relembrar da existência da placa "antes de entrar no elevador, verifique se o mesmo encontra-se parado neste andar". "o mesmo", riram. riram ainda para além do necessário, talvez pela chuva que caía. "o mesmo". até que abriram a porta e viram o que não havia no espelho

}

unidos na distância
inúmeros nadas entre
nós costurados
a exuberância dos espaços
vazios como um reflexo
do cuidado
redes inteiras de olhares
nas janelas
hoje o sol crista lá fora
ontem choveu hoje
talvez volte a chover
os verões aqui são
assim sabemos

}

ao Thomas Prado

um apito avisa a presença de uma voz
os cachorros
demonstram reconhecer o ruído e o recado

ai, matheus, tô
aqui
no quintal de
casa   escutando os barulhos da
rua   tomando um sol

há algo no ritmo que imprime a mensagem
é o amolador
emulando todos os outros afiadores
antes dele
qualquer sobrevivência traz seus ascendentes

oh, o amolador
passando
aí
o som era uma flauta
não um apito
todos são fruto de um sopro

vizinho
zé
ali
fumando
um cigarro

dia normal

toda palavra emula seu passado

}

tão convicto quanto um boteco
de esquina num domingo
normal de futebol na tevê
pastel de queijo e suco de limão na jarra do liquidificador
irmãos em escudo
damas e brahmas punhos em absurdos volumes
por não achar
um substantivo concreto que dê conta do gol

é o amor possível pelo vermelho

o que escorrega na relva

é o sol costurado à mão

que acaba dormindo nas tranças
domando a selva

colorados uníssonos e seus gritos de palavras não mais proibidas

somos nós após o inimigo
sentindo o arrebol
no peito a cor
inominável se esquiva e fica
a pergunta se é delírio
o que é nome na cor é
domínio da dor do arbítrio

como a construção do

hábito do lírio crispado
de crepúsculo numa jardineira
de um edifício coberto
de códigos perto do trabalho

não entendo o nome escrito

as línguas são o que combinamos

⸘

aves nos fios feito tênis

⸘

aprendi desde cedo
que a cidade esquece

malas na porta a janela
da sala não comporta todos os bairros

nenhum território é certo
dois metros são nada perto
pés pequenos

os sons antes do sono
servem para aquecer
os olhos por dentro

apenas

apenas me diga o que é
antes de ir

⸘

aquele que prefere o deserto para se proteger da chuva

⸘

se sai da cidade com novos dentes

⸘

a vida continua passando sob o viaduto
enquanto capturo o ano
que passei longe do alto
das escadarias da borges
(este aleph porto-alegrense)
a fotografia anual
esquecida em meio a tantas

⸘

há um som se escorando
somos dentro da vigília o vidro
no edifício feito de fogo
o ofício inimigo do silêncio
a arqueologia da fagulha

um farol na lua
um vagalume na ponta dos cílios

um vento tão nu que arrepia as folhas

≀

a rua cairu não é especial
e no entanto testemunhou inúmeros
gols de meu pai e de seus primos
quando penso na rua cairu
tudo é violeta
lembranças que guardo
embora não sejam minhas
as caminhadas noturnas pela farrapos
do gondoleiros até o apartamento
em que dividiam
as vidas são lentas
bêbadas
trôpegas
seminuas madrugadas
anos setenta acho
uma vez eles carregaram
os instrumentos dos mutantes
na espiral da escada dos gondoleiros
a ritinha dizia meu pai

≀

anti-horário

o cigarro circula

≀

nossos lugares não sobreviveram

escuros os tênis ante o pavimento
procuram antes do retorno
      tacos um tanto gastos
algo entre magenta e madeira
que nos mantenha sem planos
não encontramos

seguimos mesmo com um dos cadarços

desamarrado

≀

tal precisasse do tombamento
— as escavadeiras, pedreiros e seus marretes
os blocos de cal que caem
o pó que impunha a parede subindo
os decibéis se atravessando
a caçamba com uma rampa
esperando os despejos —
para acabar com o medo
de adentrar a própria casa

≀

a cidade essa

impossibilidade de longes

o absoluto — os cubos que o contêm

        tudo é tão
súbito

todos rumos se anagramam
em muros

o labirinto erguido sobre caminhos

o brilho é todo eco
do vidro nos meus olhos

o emaranhado cinza dentro
do crânio

cidades reorganizam

》

a cidade é um desperdício de guindastes

》

o que há no quarto
andar ainda
que eu não vejo do chão
basalto
dessa esquina
ângulo inclinado o céu
atua no telhado nuvens
que parecem movimentar
os tijolos à vista as roupas

que secam sem vento
o varal ainda sob a janela da cozinha
outras roupas outras sujeiras
as persianas piscam para mim

〉

um postal enviado da geleira

estive aqui
lembrei de você

o rito de entrega interrompido

não há correios se não há país

ps: vamos desenvolver uma nova
nação
?

〉

enterro de uma cidade
visto de dentro
sentir a terra
caindo sem contê-la
assistir sem poder
assistir
sitiados dentro do corpo
que enterramos

〉

escuto o planeta que circula
meu coração

som de deslocamento de vácuo
que ocupo com corpo

um corredor elíptico que percorro
com vísceras
espessura das artérias um pássaro
perseguindo o voo através do torso
dentro do que apenas sei da ciência

a transparência esculpindo o peito

agradeço por ter feito sol

andamos (o planeta e eu) cercando
o fogo que ouvimos
nos aproximaremos até a extinção
da proximidade

}

um vento tão nu que arrepia as folhas

}

as horas comuns não são sonoras

hoje faz um dia
como aquele em ollantaytambo
e a pele não sabe o que fazer com estas informações

tenho tentado chegar em casa pelas escadas
paredes que não pegam sol

〿

a calma estaciona sobre os telhados

〿

na noite das árvores

flores pretas nascem
os tentáculos se elevam feito pétalas

〿

o poste é testemunha da noite

〿

filamentos

1.
os homens não refletem as estrelas

por inveja da água
inventaram as lâmpadas
e os postes para fazer das cidades constelações

querem ser os navegadores
descobrindo o destino de suas próprias moradas

2.
lâmpadas anulam o céu
para que o homem se sinta mais próximo

e o impeça de se perceber
pequeno

3.
o homem cria árvores cujos frutos
brilham feito estrelas

colhem delas apenas
a ausência de céu

4.
pendura estrelas em árvores
para inverter a noite
as constelações entrelaçadas no asfalto
e o universo esquecido
há quilômetros

5.
uma estrela que se toca com a mão
não é estrela

〉

quantas estrelas escondem as lâmpadas

〉

há pelo menos metade do mundo dormindo
a cada instante é preciso lembrar
que há pelo menos
metade do mundo dormindo
a cada instante

⸘

sonhos sem o carnaval
a cidade dorme agora
como os cavalos do carrossel
sem se importar com as luzes

um silêncio postiço prospera

saudade da cadência da tua saia espanhola
o sincopado das castanholas
sobre o tamborim
eu quero
saber por onde andam os guris

vá vestida de abelha
asas de plástico e antenas
collant preto e amarelo
seu jeito de rainha

quero saber dos livros
quero saber dos filmes
quantas vezes você
rearranjou os móveis

não precisamos do carnaval

pra ser a musa do almodóvar
ou só seguir a música

〉

as estrelas entre o petróleo
refletem o farol
(sol aceso na eletricidade química)
        vidros
            em mais uma noite veloz
                constroem uma constelação

〉

uma outra tempestade se aproxima

desta vez também pelo céu

as telhas sob os olhos

num possível xilofone

〉

tal a chuva

caindo na poça

na calçada
de cimento refletindo pra cima

em cada gota

a luz branca partida

do poste

fosse feito partitura

partindo do espelho

da água

um vagalume dentro de uma bolha

alaga meus ouvidos

𝄃

E basta contar compasso
Márcio Borges

o tempo das telhas um xilofone

nas quedas
uma memória dos sons
               algo que era nuvem
chama
      a melodia de tantas gotas

em meio a tantos   rio
      uma condição que une

qual o tom do que tomba
      a liturgia de uma nota menor
um sol surge aos meus martelos

  — insistir em uma cisterna de canções
as próprias mãos compondo
  o que acolhe resiste
à decantação

o pássaro emerso na harmonia
se envolve nas asas
  arranjando o voo
  seu trino

equipo a chuva com partitura
  tal fosse a folha que caísse
  na lágrima

a filarmônica perante o prelúdio

      𝄔

há um vento ao pé
  (sandálias
de hermes)
      da via
    sopro vindo
  grito com as nervuras
dos vidros
    a terra escuta
no continente
    noite dos ventos

      𝄔

acordo excessivamente

⸘

a cidade dorme entre os que caminham

diariamente

há de se aquecer
o leite no micro-ondas
o pão torra no aparelho
enquanto separo as espátulas
a colher o mel
coloco à esquerda do prato
os talheres
o mel à frente
junto com o requeijão
o instantâneo do café um tanto ao lado
direito
diariamente
diariamente
o silêncio transborda após um minuto
e dez e três apitos
passasse as espátulas no mel
e no pão
e no requeijão e no pão
não sem algum ruído do áspero
recém-adquirido
a colher toda metálica
preenchida há segundos uma vez
e meia circula dentro do vermelho
diariamente como
às seis da manhã
diariamente lavo a louça logo
o escorredor agora com um prato
em cima e a xícara empalada ao lado
os talheres em um receptáculo
diariamente

na torneira do tanque encho o regador
as plantas na sacada
a jabuticabeira em bonsai
os lírios da paz
e os antúrios levam mais água
que a lavanda a quebra-demanda
e o cróton
as orquídeas recebem apenas o bom dia
junto com as suculentas
essas apenas aos domingos
diariamente
de cômodo em cômodo
detalho os locais de cada
objeto
antes de sentar-me ao computador

o analista pergunta
semanalmente
o que te dá raiva

monotonamente
informo todas as vezes que
com uma lupa queimo a própria unha
no lavabo
diariamente

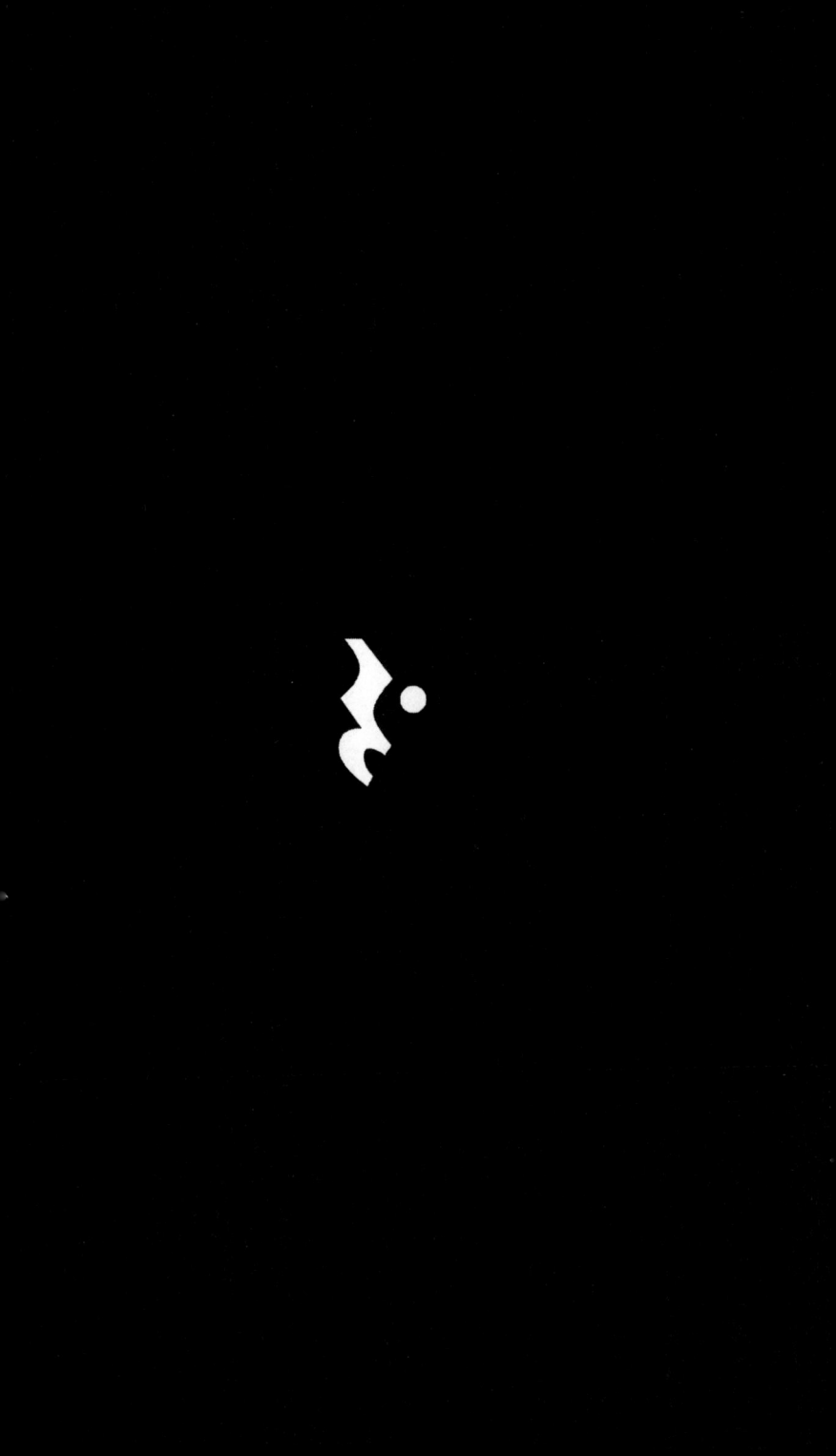

posfácio

Tudo é tão súbito

Tarso de Melo

1

não era uma cidade, de Rodrigo Luiz P. Vianna, escapa das mãos — como água cristalina. As infinitas imagens que se sucedem, numa velocidade que a superfície calma de seus versos quase consegue esconder, formam na cabeça do leitor um redemoinho, tão veloz que parece não se mover. De um verso a outro, o leitor é conduzido *quadro a quadro*, porque Rodrigo escreve como quem fotografa, colhendo com olho agudo as cenas de que a vida se compõe, mas monta os poemas como quem filma. Como quem sonha, às vezes, ou delira. Como quem consegue parar o tempo para investigar seu tecido.

2

Poucos dias antes de receber os originais de *não era uma cidade*, estava mexendo na estante em casa e encontrei o primeiro livro do Rodrigo, *Textos para lembrar de ir à praia* (Reformatório, 2020). Esse título sempre me soou e ainda soa bastante perturbador. Por ter saído no ano mais pesado da pandemia, o livro se soma a uma infinidade de livros que li em condições muito específicas — especialmente longe da praia ou, mais precisamente, entre as paredes de um apartamento longe do mato e do mar, até mesmo longe do asfalto que me cerca por todos os lados. (Acho mesmo que deveria reler tudo que li nos anos de pandemia. Aliás, vamos reler?) No caso do livro de estreia do Rodrigo, com seu apelo a sair de casa, ou fazer casa no universo de um grão de areia, toda a atmosfera dos poemas chegava a mim como uma provocação ao deslocamento quando ele era mais difícil, como se o poeta nos conduzisse, no espaço entre os versos, a viajar para além dos limites do horizonte de morte e sofrimento e desesperança em que a pandemia nos encerrou.

As restrições mais drásticas da pandemia já se desfizeram, mas agora sabemos, com o novo livro de Rodrigo, que a praia — a ser visitada — no primeiro livro margeia uma cidade que não era e que não será. Lembramos, sim, de ir à praia, mas entre nós e ela se colocam outras impossibilidades, mesmo quando "inventamos um pouco de vida normal".

3

Nessa cidade que não era, que não é nem será, temos a impressão de estar v(iv)endo tudo de muito perto. Tudo colado nos olhos colados. Tudo tão súbito. Tudo tão perto que nos desorienta. São retratos precisos dos dias, mas estão em cacos. Catamos, aqui e ali, os afetos, os atritos, as leituras, os afagos, os ruídos, os pequenos espantos — e, durante algum tempo, podemos vivê-los *completamente*, mas logo se desgarram — dos outros cacos e dos *todos* que pretendemos formar com eles — para nos desorientar novamente. E esse jogo de desorientação — lembre-se que o título do livro só revela *o que não é* aquele lugar em que nos lança — é, a meu ver, nada menos que a linha-mestra da construção do livro.

4

não era uma cidade — o que Rodrigo quer com esse título *em negativo*? Um título que não nos dá quase nada? Pelo contrário, um título que se ocupa precisamente de tirar do leitor o conforto de imaginar que sabe onde se encontra ao entrar no livro? Se, no primeiro livro, ainda que de maneira a despistar, o título instruía o leitor, neste novo conjunto de poemas Rodrigo rasga os mapas (num dos textos, aliás, os mapas de ida e da volta se sobrepõem e "tudo isso é desculpa para pensar/ nos teus lábios// morar dentro do frio/ esculpir o calor") e trabalha numa espécie de suspensão do espaço. Se são sempre muito sutis as formas como esses poemas nos mostram a *passagem do tempo*, é na *passagem do espaço* que o leitor encontrará as mais perigosas armadilhas, porque o deslocamento é agora, a um só tempo, possível e impossível, quando as barracas das famílias que vivem nas ruas de São Paulo se confundem com as barracas da Campus Party, quando uns brincam de morte enquanto outros morrem, quando "parece que nunca mais iremos// chegar não por não// conhecer a via mas// por não sermos mais// aqueles".

5

Rodrigo sabe que escreve os poemas — ou o longo poema — de *não era uma cidade* para um leitor que não sobreviveu sempre-igual-a-si-mesmo desde que veio à luz *Textos para lembrar de ir à praia*. É para um leitor que nasceu agora, depois da experiência terrível da pandemia, e tenta abrir os olhos diante de um sol brutal que castiga esse velho-novo mundo (em que é tão provável que o amor surja diante de um estranho quanto que se estranhe completamente alguém que já se amou), que os versos de Rodrigo se oferecem. É para um leitor que sabe que "nossos lugares não sobreviveram", mas não teme a tempestade ou o labirinto. É para o leitor que sabe e acredita que a poesia consegue abrir caminhos quando "todos rumos se anagramam/ em muros".

One day I am gonna grow wings
A chemical reaction

Agradecimentos

À Leticia, pelo companheirismo de tantos anos e pelos passeios em inúmeras cidades.

À Alice, por ser toda poesia.

Ao Tarso de Melo, pela leitura e gentileza na análise.

À Jamille Anahata, pelas palavras e comentários.

Aos participantes da turma de 2020 de Poesia do Curso Livre de Preparação de Escritores – CLIPE, da Casa das Rosas, que viram parte significativa deste projeto nascer e contribuíram em sua construção.

À Julia Dantas e ao Wagner Machado pelas conversas e dicas.

À Germana Zanettini, pela edição criteriosa.

Índice

Nota do autor 11

nunca esteve tão tarde 17
não era uma cidade 19
a ponte entre tantas partes 19
aves voltaram 19
é preciso criar 20
um barco sobre ombros 20
enquanto caem os resquícios 21
os paralelepípedos aparecem apenas nas fotografias 21
as palavras acompanham as paredes 21
nesta cidade 22
coser a presença entre nuvens 23
a sede da asa 24
no passo que cedo 25
luvas alisam o contato 25
desenhos de deus no guardanapo 26
o leopardo sem dentes passa a língua na taça de vinho 26
quero acordar futuro 27
uma palavra se 27
a memória tem uma estrutura estroboscópica 28
em um dia como hoje 28
num edifício a caminho de um inespecífico estar 28
inventamos um pouco de vida normal 29
andar de patinete pelo pátio 30
sobreponho o mapa da ida 30
vejo 31
cabelo sol 32
na ficção há um sol 32
um outro fio desistindo do casaco que ajudou a erguer 32
a cidade não comporta mais 33
caminhar na alma hibernada 33

escrever é esquecer 33
café soneto 34
de porcelana 35
no plano acústico acontece o corte 35
o sol a pino 36
brincam 36
as patas de cachorro marcadas 37
o que houver pra se ver 38
deitar-se na roseira laqueada 40
moro perto da cidade 41
o jornal me resguarda do sorriso 41
eventualmente todos 42
no asfalto extrai-se praça 42
na praça feito asfalto 42
repavimento a rua com os pés 43
parece que nunca mais iremos 43
via portinari 44
enquanto ando pelo celeiro de golfinhos 44
a mão de um trator 45
o pé conta 45
dos operadores 46
bomba atômica 47
meço tuas palavras com um contador geiger 47
quatro movimentos para a terra 48
os pais de família 50
ninguém se lembra 52
olho o resultado da chuva retesado 52
leio uma notícia... 52
olá, tudo bem? tudo! e vocês? como tão? 53
pergunto nos ônibus que me levam 53
do corpo o que 54
três atos de dois brincos de pérolas 54
não há trilhos para este trem estacionado aqui em frente 55
à espera... 56
unidos na distância 56
um apito avisa a presença de uma voz 56
tão convicto quanto um boteco 58
aves nos fios feito tênis 59

aprendi desde cedo 59
aquele que prefere o deserto para se proteger da chuva 60
se sai da cidade com novos dentes 60
a vida continua passando sob o viaduto 60
há um som se escorando 60
a rua cairu não é especial 61
anti-horário 61
nossos lugares não sobreviveram 62
tal precisasse do tombamento 62
a cidade essa 62
a cidade é um desperdício de guindastes 63
o que há no quarto 63
um postal enviado da geleira 64
enterro de uma cidade 64
escuto o planeta que circula 65
um vento tão nu que arrepia as folhas 65
as horas comuns não são sonoras 65
a calma estaciona sobre os telhados 66
na noite das árvores 66
o poste é testemunha da noite 66
filamentos 66
quantas estrelas escondem as lâmpadas 67
há pelo menos metade do mundo dormindo 68
sonhos sem o carnaval 68
as estrelas entre o petróleo 69
uma outra tempestade se aproxima 69
tal a chuva 69
o tempo das telhas um xilofone 70
há um vento ao pé 71
acordo excessivamente 72
a cidade dorme entre os que caminham 72
diariamente 74

Posfácio 79

COLEÇÃO POESIA ORIGINAL

Quadripartida	PATRÍCIA PINHEIRO
couraça	DIRCEU VILLA
Casca fina Casca grossa	LILIAN ESCOREL
Cartografia do abismo	RONALDO CAGIANO
Tangente do cobre	ALEXANDRE PILATI
Acontece no corpo	DANIELA ATHUIL
Quadripartida (2ª ed.)	PATRÍCIA PINHEIRO
na carcaça da cigarra	TATIANA ESKENAZI
asfalto	DIANA JUNKES
Caligrafia selvagem	BEATRIZ AQUINO
Na extrema curva do caminho	JOSÉ EDUARDO MENDONÇA
ciência nova	DIRCEU VILLA
eu falo	ALICE QUEIROZ
sob o sono dos séculos	MÁRCIO KETNER SGUASSÁBIA
Travessia por	FADUL M.
Tópicos para colóquios íntimos	SIDNEI XAVIER DOS SANTOS
Caminhos de argila	MÁRCIO AHIMSA
apenas uma mulher	ALICE QUEIROZ
a casa mais alta do coração	CLARISSA MACEDO
Pidgin	GABRIELA CORDARO
deve ser um buraco no teto	CAMILA PAIXÃO
caligrafia	ALEXANDRE ASSINE
kitnet de vidro	DIULI DE CASTILHOS
o idioma da memória	MÁRCIO KETNER SGUASSÁBIA
Para salvar a alma de um poeta	LAINARA
Na proa do trovão	MAURÍCIO ROSA
não era uma cidade	RODRIGO LUIZ P. VIANNA
Véu de Netuno	MARIÂNGELA COSTA
matéria e miragem	RICARDO THOMAZ DE AQUINO

© 2025 Rodrigo Luiz P. Vianna.
Todos os direitos desta edição reservados à Laranja Original.

www.laranjaoriginal.com.br

Edição	Germana Zanettini
Projeto gráfico	Marcelo Girard
Produção executiva	Bruna Lima
Diagramação	IMG3
Imagem da capa	Mapa de Porto Alegre, RS

Dados Internacionais de Catalogação na Publicação (CIP)
(Câmara Brasileira do Livro, SP, Brasil)

Vianna, Rodrigo Luiz P.
 Não era uma cidade / Rodrigo Luiz P. Vianna. –
São Paulo : Editora Laranja Original, 2025.
 – (Poesia original)

 ISBN 978-65-5312-003-7

 1. Poesia brasileira I. Título. II. Série.

25-264394   CDD-B869.1

 Índices para catálogo sistemático:
 1. Poesia : Literatura brasileira B869.1
Eliane de Freitas Leite - Bibliotecária - CRB 8/8415

Laranja Original Editora e Produtora Eireli
Rua Isabel de Castela, 126
05445-010 São Paulo SP
contato@laranjaoriginal.com.br

Fontes Dante / *Papel* Pólen Bold 90 g/m² / *Impressão* Psi7 / *Tiragem* 150 exemplares